# TOUT LE MONDE DESSINATEUR

## THÉORIE

DES

# PROPORTIONS

## DU CORPS HUMAIN

PAR

# A. FAUTRAS, STATUAIRE

EX-PROFESSEUR DE DESSIN DE LA VILLE DE PARIS

PRIX: 3 francs

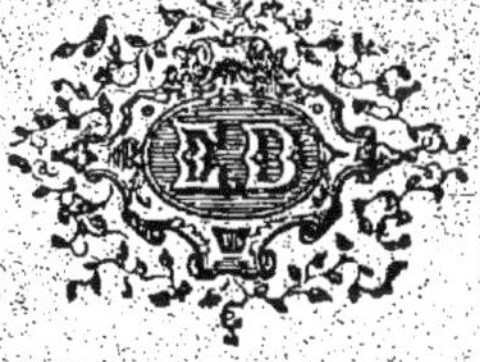

PARIS

E. DENTU, LIBRAIRE-ÉDITEUR

PALAIS-ROYAL, 17 et 19, GALERIE D'ORLÉANS

# TOUT LE MONDE

# DESSINATEUR

# TOUT LE MONDE DESSINATEUR

## THÉORIE

DES

# PROPORTIONS

## DU CORPS HUMAIN

PAR

## A. FAUTRAS, STATUAIRE

EX-PROFESSEUR DE DESSIN DE LA VILLE DE PARIS

**PRIX: 3 francs**

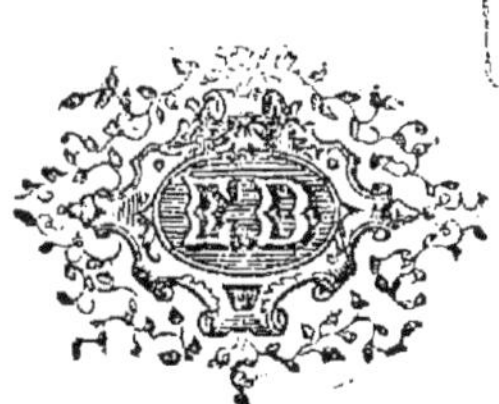

PARIS

E. DENTU, LIBRAIRE-ÉDITEUR

PALAIS-ROYAL, 17 et 19, GALERIE D'ORLÉANS

# LES PROPORTIONS

## DU CORPS HUMAIN

---

Quand, dans une figure, tout est à sa place, elle peut être plus ou moins bien dessinée, mais elle est correcte et elle vit.

Donner à tout ceux qui veulent s'occuper de dessin ou de modelage, la connaissance précise des proportions relative de la tête ou du corps humain, de façon à ce qu'ils puissent sans maîtres créer ou copier un sujet; tel est notre but.

Si l'on préfère, nous voulons leur donner les moyens mathématiques de trouver immédiatement et à coup sûr la place exacte de telle partie d'une figure par la comparaison de ses parties entre-elles.

Nous voulons en un mot, simplifier et résumer, pour les amateurs et pour les élèves, les règles que les grands artistes ne connaissent eux-mêmes que par de longues études et de patientes observations; règles qui leurs permettent de jeter immédiatement sur le papier ou sur la toile une esquisse irréprochable.

De la sorte, comme on le voit, le premier venu, en se pénétrant des principes contenus dans ce livre, sera certain en dessinant un sujet, de ne pas s'écarter des lignes et par conséquent de ne pas commettre d'erreur.

La plupart de ces règles ont été déduites de l'étude des statues antiques, toujours d'une régularité parfaite. Nous conseillons donc aux amateurs et aux élèves de vérifier ces règles eux-mêmes, soit en allant voir, soit en copiant ces statues, ce qui aura le double résultat de les leur mieux graver dans la mémoire, tout en formant et en épurant leur goût.

Il n'est pas douteux que la nature ne varie à l'infini ce qu'on pourrait appeler le type normal de la beauté ; tous les hommes ne sont pas des Apollon du Belvédère et toutes les femmes ne sont pas des Vénus de Médicis ; il n'en est pas moins vrai qu'un homme qui connaîtrait à fond ces deux types idéaux de beauté humaine, trouverait dans cette connaissance un aide puissant pour mieux saisir et pour mieux rendre les différences de son modèle vivant d'avec leurs corrections irréprochables, voire même leurs ressemblances, s'il y avait lieu.

Qu'est-ce que la physonomie de chaque individu si ce n'est ces ressemblances ou ces différences, comparativement à ce qu'on peut appeler encore une fois le type normal de la beauté ?

Cette étude où nous avons cherché à être complet, tout en étant moins compliqué que les auteurs qui ont traité de cette matière, appelait comme appendice quelques notions sommaires d'anatomie artistique.

Dans toute statue bien faite ou tout dessin bien compris, on doit constater ou sentir la présence de certains os ou de certains mucles qui, étant plus près de la peau, lui impriment telle ou telle saillie.

Un bon sculpteur doit savoir à point nommé jusqu'à la place des organes internes : s'il fait un Promethée, il a un foie à faire dévorer; s'il fait un Agamemnon, il a un cœur à faire frapper; s'il fait un Ugolin, il a des entrailles à montrer torturées ; au moins faut-il que tout dessinateur ou tout sculpteur fasse comprendre un crâne sous des cheveux ou un muscle masséter sous la joue.

Aussi succinctement et aussi clairement que possible nous donnerons à cet égard les indications essentielles par la nomenclature des principaux muscles ou os qui ne peuvent être négligés dans une figure, sans nuire à son expression ou à sa vie.

Nous espéroms de la sorte donner, pour ainsi dire, des ailes à l'élève en lui permettant de s'attaquer de suite à la nature avec laquelle il est si bon qu'un homme qui se destine aux arts plastiques, soit mis le plustôt possible en rapport.

Pour les proportions comme pour l'anatomie, nous accompagnerons nos démonstrations de planches explicatives qui les rendront encore plus palpables.

Nous serons heureux si, par ce travail, quelque restrint qu'il soit, auquel nous avons été amené par l'expérience personnelle du professorat, nous pouvons faire naître le désir plus général d'approfondir les arts du dessin, auquel notre pays doit tant de grands maîtres et nos musées tant de chef-d'œuvres.

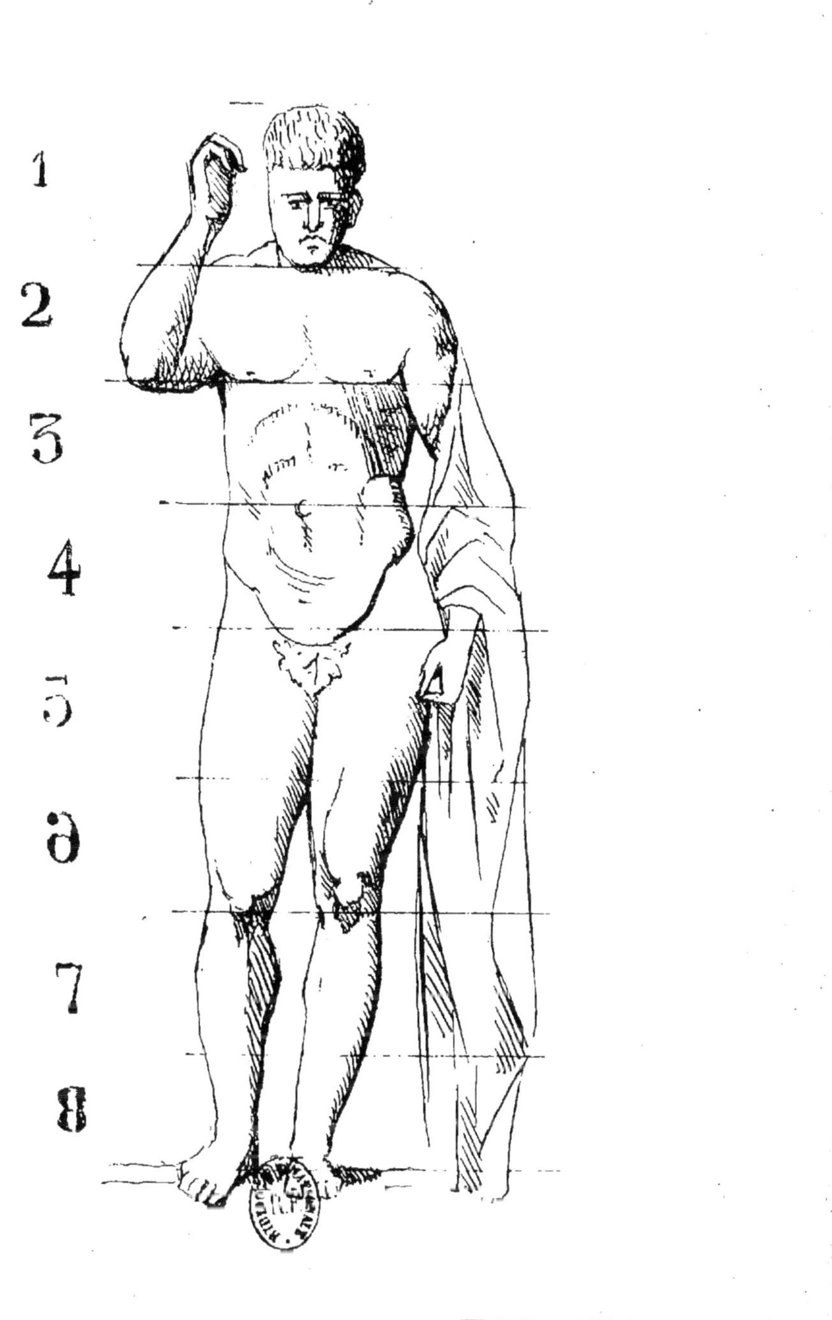
1
2
3
4
5
6
7
8

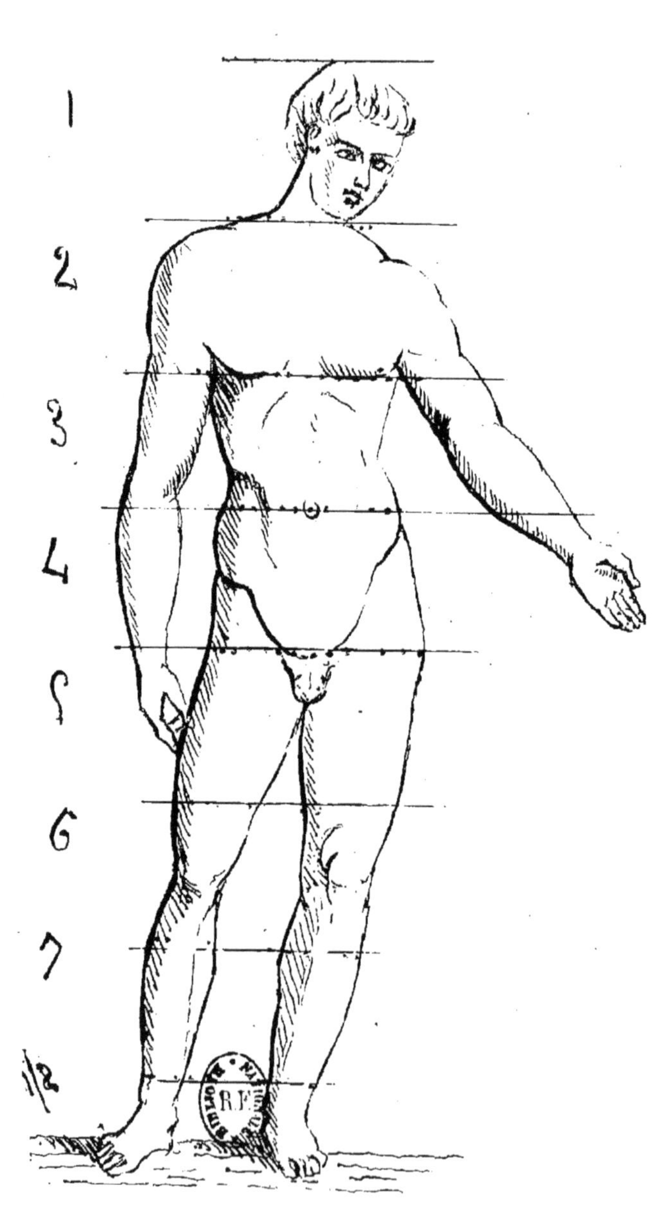

1
2
3
4
5
6
7
1/2

# PROPORTIONS D'ENSEMBLE

---

Les trois premières choses dont doit d'abord s'occuper un élève pour construire une figure, sont :

1° L'indication par deux points de la hauteur totale de son sujet ;

2° L'indication entre ces deux points de la position intermédiaire des différentes parties ;

3° La mise d'aplomb de ce sujet.

Une fois l'indication faite de la hauteur totale de son sujet, (hauteur dont il est bien entendu le seul arbitre) l'élève passe à l'indication des parties intermédiaires, en appliquant les règles suivantes :

## CHEZ LES MODERNES

Les proportions généralement suivies sont, pour une figure d'homme ordinaire, de sept têtes et demie, qui se divisent de la manière suivante :

| | |
|---|---|
| Du sommet de la tête à la partie inférieure du menton. | 1 tête |
| De la partie inférieure du menton aux mamelons. | 1 — |
| Des mamelons au nombril. | 1 — |
| Du nombril à la bifurcation du tronc. | 1 — |
| De la bifurcation du tronc au milieu de la cuisse. | 1 — |
| Du milieu de la cuisse au milieu du mollet. | 1 — |
| Du milieu du mollet au coude-pied. | 1 — |
| Du coude-pied à la plante des pieds. | 1/2 — |

## DANS LES STATUES ANTIQUES

Les proportions sont, en hauteur totale, de huit fois la hauteur de la tête.

Ces divisions sont ainsi réparties :

(Système des proportions de Jean Cousin)

| | |
|---|---|
| Du sommet de la tête à la partie inférieure du menton. | 1 tête |
| De la partie inférieure du menton aux mamelons. | 1 — |
| Des mamelons au nombril. | 1 — |
| Du nombril aux parties génitales. | 1 — |
| Des parties génitales à la partie moyenne de la cuisse | 1 — |
| Du milieu de la cuisse au genou. | 1 — |
| Du genou au dessous du mollet. | 1 — |
| Du dessous du mollet au talon. | 1 — |

# PROPORTIONS DE L'ENFANT

A toutes les époques, les maîtres n'ont jamais reconnu, dans la hauteur totale d'un enfant, que cinq fois la hauteur de la tête.

Ces cinq hauteurs se distribuent ainsi :

| | |
|---|---|
| Du sommet de la tête à la fossette des clavicules. | 1 tête |
| De la fossette des clavicules au dessus du nombril. | 1 — |
| Du dessus du nombril au bas du tronc. | 1 — |
| Du bas du tronc au dessus du mollet. | 1 — |
| Du dessus du mollet à la plante des pieds. | 1 — |

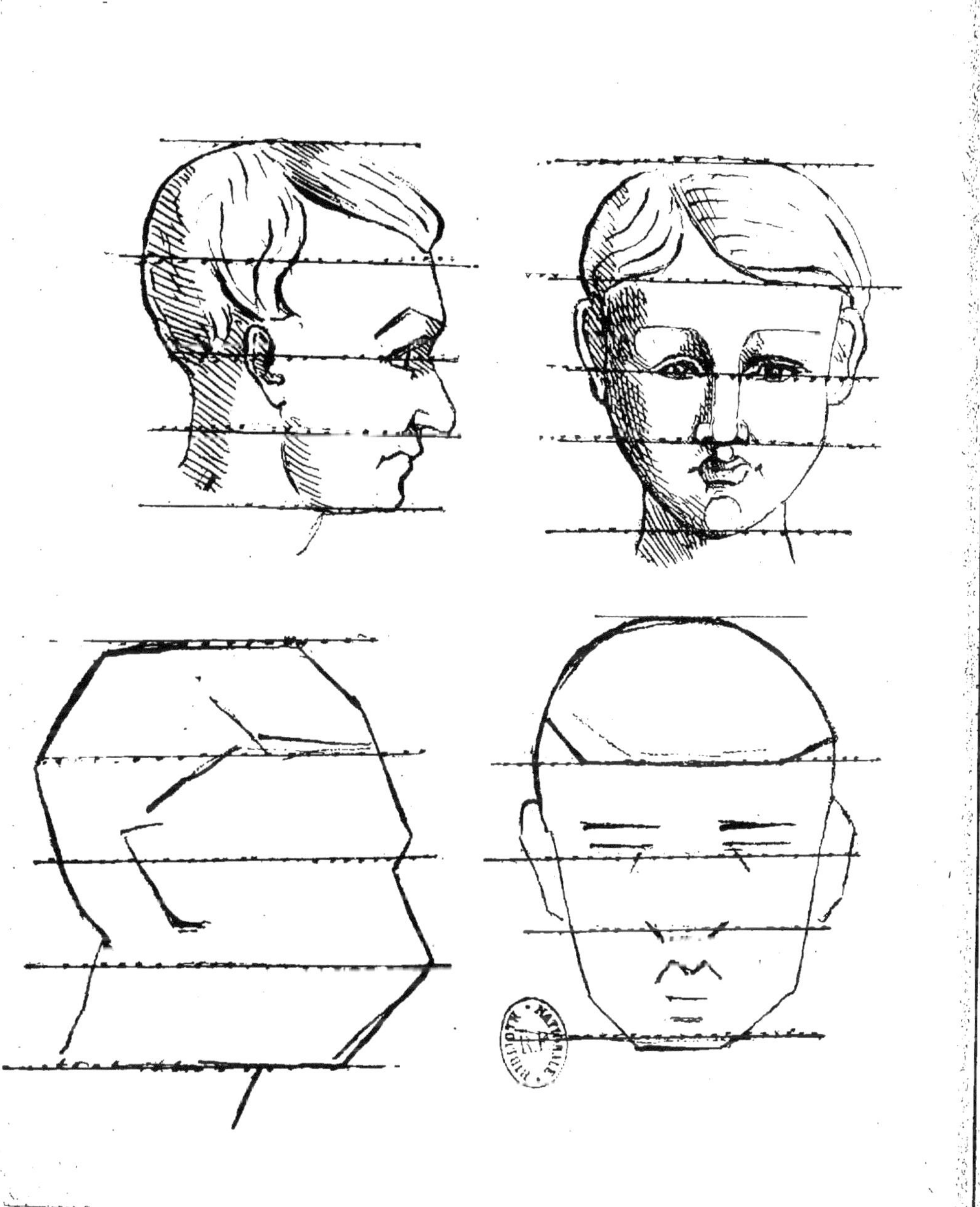

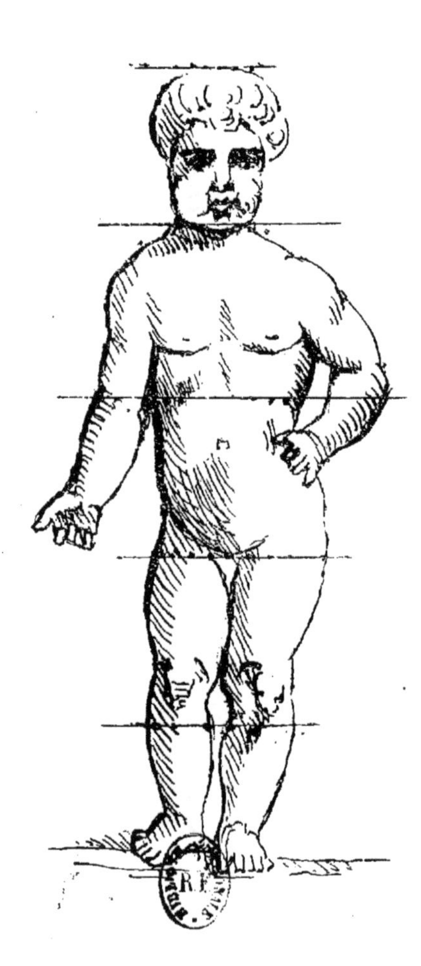

Ces proportions sont celles d'un enfant de trois ans environ ; de trois à quatre, la hauteur totale est de cinq têtes et demie ; de huit à neuf, six têtes ; de douze à quinze, six et demie ; et de quinze à dix-sept, sept têtes.

Nota : Ces proportions d'ensemble sont les mêmes pour les deux sexes. Seulement, la femme a une différence de deux ou trois pouces dans sa hauteur comparée avec celle de l'homme. La tête de la femme est plus petite, le cou plus allongé, la poitrine plus élevée, les reins et les cuisses plus larges, les muscles moins apparents, ce qui rend les contours plus moelleux et les mouvements plus doux.

## LA TÊTE
### se divise en quatre parties égales :

| | |
|---|---|
| Du sommet de la tête à la naissance des cheveux. | 1re partie |
| De la naissance des cheveux à la racine du nez. | 2me — |
| De la racine du nez au dessous nez. | 3me — |
| Du dessous du nez jusqu'à l'extrémité du menton. | 4me — |

Nota : Certains maîtres ont divisé les parties de la tête en modules, mesure arbitraire qui n'a aucun rapport avec la figure, attendu que le module est un terme d'architecture qui veut dire diamètre, le diamètre d'une colonne.

### PROPORTIONS DES DIFFÉRENTS TRAITS DU VISAGE

#### 1° VUE DE FACE

Puisque la tête se divise en quatre parties, il est évident qu'il en reste trois pour la face.

La première de la naissance des cheveux à la ligne des yeux.

La seconde de la ligne des yeux à la ligne du nez.

La troisième de la ligne du nez à l'extrémité du menton.

Les narines égalent en longueur la moitié de la largeur du nez; la largeur est d'un œil.

La largeur de la bouche est d'un œil et demi; la distance du nez à la bouche est de la moitié d'un œil.

L'oreille est comprise entre la ligne des yeux et celle du nez; elle a donc la même hauteur que le nez; la conque tient le milieu de l'oreille.

## 2ᵉ VUE DE PROFIL

La longueur de la tête, vue de profil, est la même que de face.

L'œil, vu de profil, est plus étroit.

Le nez est plus mince, puis qu'il a la moitié de son épaisseur de moins; même longueur.

La bouche a naturellement la moitié de sa longueur, puisqu'on n'en voit qu'une partie.

La longueur de la face, à partir de la naissance des cheveux jusqu'au menton, est égale à la largeur de la tête, en mesurant du nez à la nuque.

La longueur du nez au menton est la même que de face.

Le cou, du menton à la fossette sous-sternale, a une demi-tête.

# PROPORTIONS DES MEMBRES

On compte deux têtes d'une épaule à l'autre.

Le bras, à partir de l'épaule jusqu'au poignet, compte deux têtes; du poignet jusqu'à l'extrémité du doigt médium, une tête.

Quand le bras est pendant, l'extrémité de la main ouverte doit tomber juste au milieu de la cuisse.

La main a la hauteur de la face; elle se divise en quatre parties :

La première, du poignet jusqu'à la paume de la main.

La seconde, de la paume de la main à la naissance du pouce.

La troisième, de la naissance du pouce à la première jointure du doigt du milieu.

La quatrième, au bout du même doigt.

Les jambes, à partir des parties génitales, comprennent trois têtes et demie.

La première, au milieu de la cuisse.

La seconde, au milieu du mollet.

La troisième, à la cheville.

La demi-tête à la plante des pieds.

*(Voir plus haut la division des proportions.)*

Le pied est comme la main : il mesure une tête, vu de profil. Le pied, vu de face, par rapport à la jambe est contenu deux fois dans la longueur du genou au coude-pied, c'est-à-dire que la jambe, vue de face, contient deux fois la longueur du coude-pied à l'extrémité des doigts.

## LE PIED SE DIVISE AINSI:

La première partie, du talon à la cheville.
La seconde partie, jusqu'au milieu du coude-pied.
La troisième partie, jusqu'à la naissance des doigts.
La quatrième partie, jusqu'au bout du pouce.

## PROPORTION DU TRONC

Le tronc se divise en trois têtes, de la manière suivante :

La première tête : de l'épaule au dessous des mamelons.

La seconde, du dessous des mamelons au nombril, ou niveau de la naissance des hanches.

La troisième du nombril aux parties genitales ou fin du tronc (bassin).

On compte également sept têtes et demie de l'extrémité du doigt médium d'une main, à l'autre extrémité de la main opposée, lorsque les bras sont étendus.

## MISE D'APLOMB D'UNE FIGURE

Après avoir mis une figure d'ensemble suivant les proportions indiquées, un des points les plus essentiels à observer, c'est qu'elle soit d'aplomb, c'est-à-dire qu'elle puisse se tenir, sans tomber ni à droite ni à gauche.

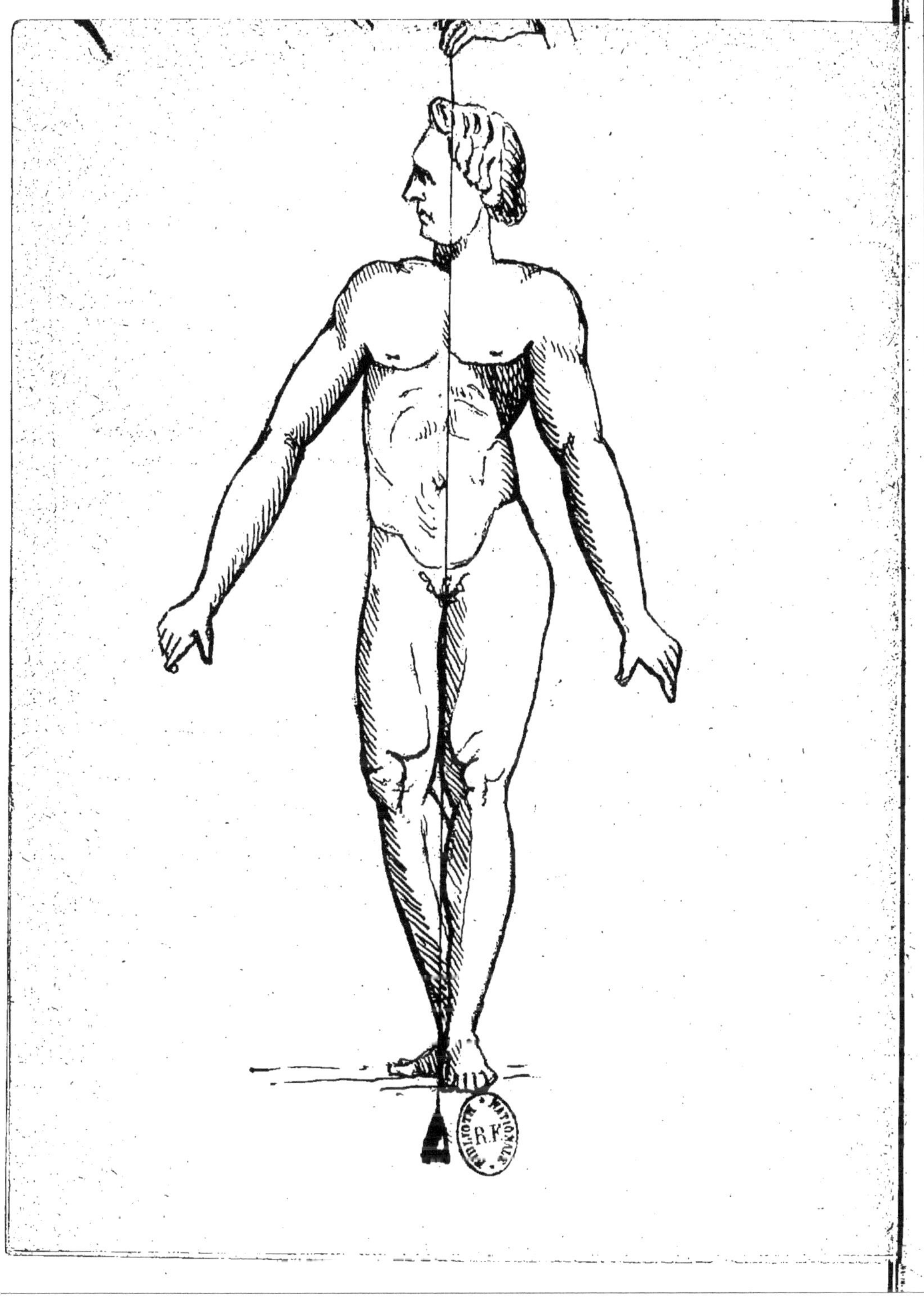

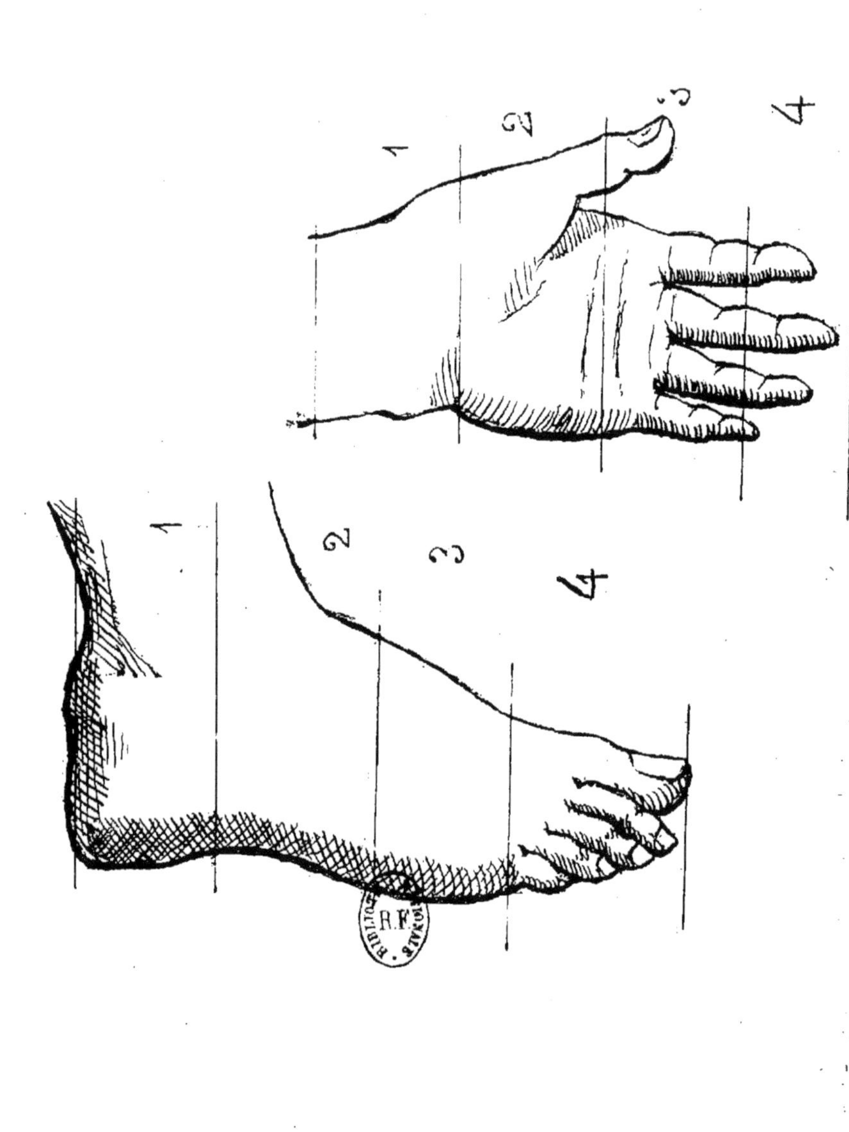

1
2
3
4
1
2
3
4

Pour cela, il faut prendre un fil à plomb et le faire tomber du milieu de la figure, le long de la fossette des clavicules, jusqu'à la cheville interne du pied sur lequelle votre figure repose.

Si ces deux points se rencontrent bien de face et de profil sur la même ligne perpendiculaire, votre figure est en équilibre.

Pour les dessinateurs, il leur suffit de tirer une ligne horizontale au milieu de la figure et de faire rencontrer sur la perpendiculaire les deux points précités.

———

NOTA: On appelle *figure académique*, une figure entière d'après modèle, tel qu'on en dessine dans les écoles de dessin.

*L'académie* est très-utile, pour saisir une attitude, pour rendre avec les mouvements qui lui sont propres, pour mettre, dans un tableau ou dans un morceau de sculpture, la précision de la nature.

*Modèle* est un terme qui sert à désigner tout ce qu'on se propose d'imiter. Dessiner d'après le modèle, c'est copier une attitude d'après nature.

Il est aussi très bon de dessiner d'après le mannequin, pour faire des études de draperies; il faut éviter de rendre les plis durs, et se servir pour cela de draperies de flanelle.

Il y a des mannequins de toutes espèces, qui représentent l'homme, la femme et l'enfant; on les dispose selon le mouvement que l'on veut leur donner.

# ANATOMIE ARTISTIQUE

La première chose qui frappe un artiste en présence d'un modèle vivant, c'est une série de dépressions et de saillies qui viennent briser ou couper les grandes lignes d'ensemble.

Ces dépressions et ces saillies, sont formées moitié par les mucles, moitié par les os.

Nous avons dit et nous répétons, qu'il n'est pas indispensable à un amateur ou à un élève de connaître les fonctions et le jeu des organes internes que rien ne vient révéler extérieurement aux regards, non plus que la structure détaillée des os et des muscles, ce qui rentre dans la spécialité de l'anatomie proprement-dite.

En revanche, s'il ignore la place de certains os ou de certains muscles, il courra le risque de faire une figure estropiée qui exitera la risée ou éloignera l'attention.

Michel-Ange, le dieu de la sculpture, était, le fait est certain, un grand anatomiste.

Sans en dire autant qu'en savait Michel-Ange, nous décrirons sommairement les os et les muscles qui se voient dans toute figure de corps humain.

## DIVISION DU SQUELETTE

—

Le squelette se compose de 292 os et se divise en trois parties : la tête, le tronc et les extrémités.

On nomme en général toutes les saillies des os, tête ou col ; les os se joignent par des articulations.

La tête comprend le crâne et la face ; la face a deux mâchoires, l'une mobile qui forme la mâchoire supérieure, et l'autre immobile qui forme la mâchoire inférieure.

Le tronc comprend trois parties : — l'épine dorsale — l'omoplate — le torse, qui est formé par les côtes et le bassin.

L'épine dorsale comprend la colonne vertébrale qui se divise en cinq parties :

La première, les sept vertèbres cervicales.

La seconde, les douze vertèbres dorsales qui forment le dos.

La troisième comprend, les sept vertèbres lombaires.

La quatrième, les cinq vertèbres sacrées dont toutes les parties sont soudées entre-elles.

La cinquième, les quatre vertèbres caudales très-minimes.

Le thorax est formé par les côtes, qui s'attachent, d'un côté, aux vertèbres dorsales, et de l'autre, à l'os sternum, ce qui forme la poitrine.

Le bassin a plusieurs dénominations suivant qu'on l'envisage de face, de côté ou de derrière : de face, il y a l'os du pubis ; de côté, les os des îles ; de derrière, l'os ischium.

## LES EXTRÉMITÉS

—

Les extrémités se divisent en membres inférieurs et supérieurs : les inférieurs sont les jambes, et les supérieurs sont les bras ; il y a aussi l'épaule et l'omoplate ou s'attachent les clavicules qui soutiennent les bras.

Le bras se compose d'un os qu'on appelle *Humérus*, et l'avant-bras de deux appelés *Radius* et *Cubitus* ; ensuite vient la main, qui se divise en carpe, métacarpe et doigts.

Le carpe se compose de huit petits os , le métacarpe, de cinq os allongés qui font l'origine des doigts; les doigts se composent de trois os, (le pouce n'en a que deux) : on les nomme phalanges, phalangines et phalangettes ; c'est sur ces derniers que les ongles sont placés.

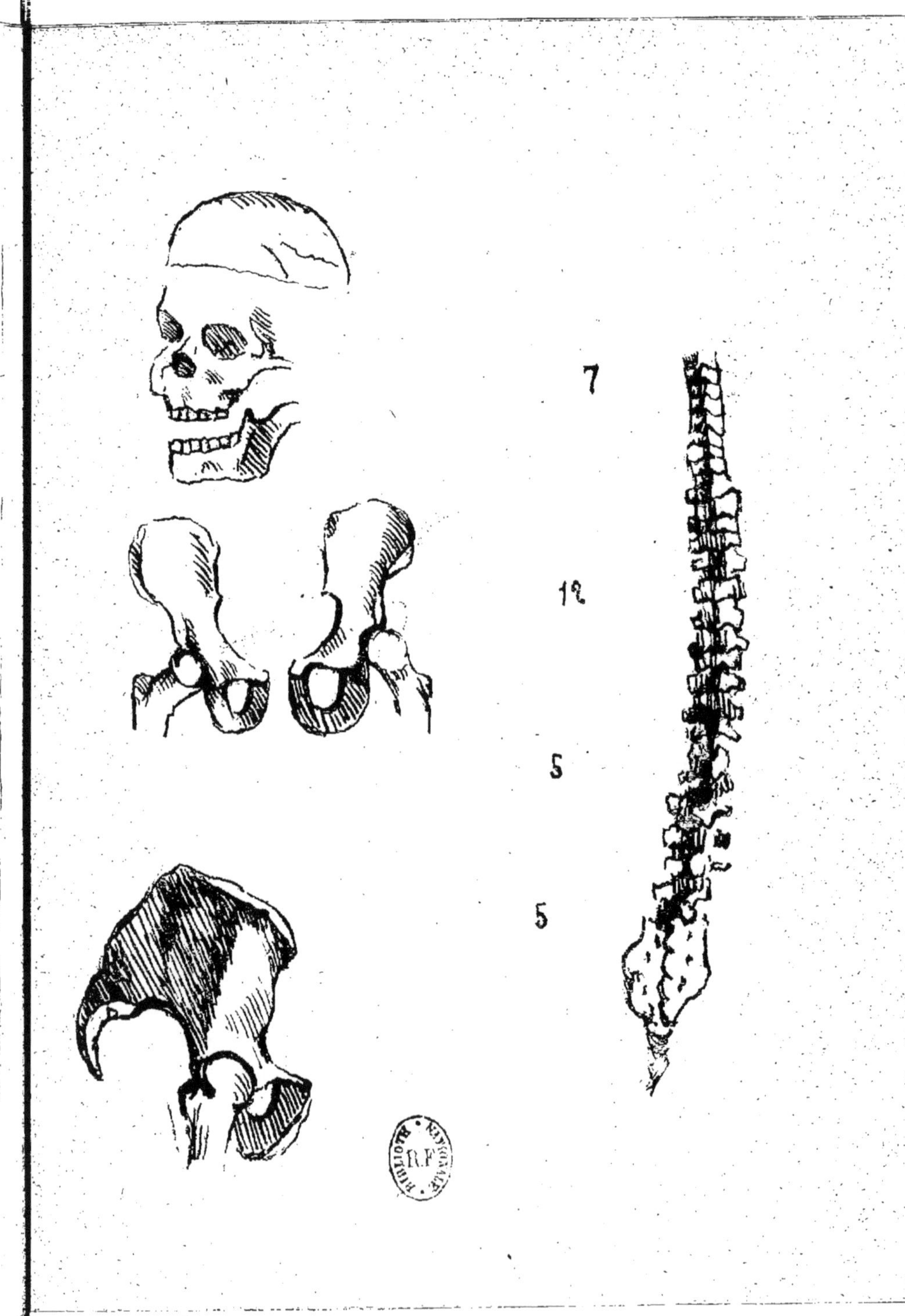
7
12
5
5

## MEMBRES INFÉRIEURS

Les membres inférieurs se divisent en cuisses, jambes et pieds.

L'os de la cuisse se nomme *fémur* ; il est voûté en dedans pour assurer la fermeté de la marche et faciliter le mouvement que l'on fait pour s'asseoir.

La tête supérieure de l'os n'est pas en droite ligne ; au-dessus, elle se courbe du côté de l'os ischium, où elle s'emboîte avec l'articulation de la hanche ; à l'autre extrémité, il y a un petit os rond appelé *rotule*, qui n'a d'autre mouvement que celui de flexion.

La jambe est composée de deux os appelés *péroné et tibia*, qui s'articulent avec le *fémur* ; la tête du péroné forme la cheville (ou malléole).

Le pied se divise en tarse, métatarse et phalanges ; comme on le voit, le pied a les mêmes dénominations que la main ; seulement la différence est que les phalanges de la main sont plus longues. Le tarse se compose de sept petits os, le métatarse de cinq, les orteils, qui remplacent les doigts, sont composés d'os portant le nom de phalanges, phalangines et phalangetttes.

Nous allons maintenant énumérer les noms des os du squelette séparément, afin que l'élève puisse bien s'en souvenir.

# NOMS DES OS DU SQUELETTE

## FACE POSTÉRIEURE

| TÊTE | BRAS |
|---|---|
| Pariétal | Humérus |
| Occipital | Cubitus |
| Vertèbres cervicales | Radius |
| TRONC | Carpe |
| Omoplate | Métacarpe |
| Sept vertèbres cervicales | Phalanges |
| Cinq vertèbres dorsales | JAMBES |
| Première côte | Fémur |
| Sacrum | Tibia |
| Coccix | Péroné |
| Os des îles | Tarse |
| Deuxième côte. | Métatarse |
| | Phalanges. |

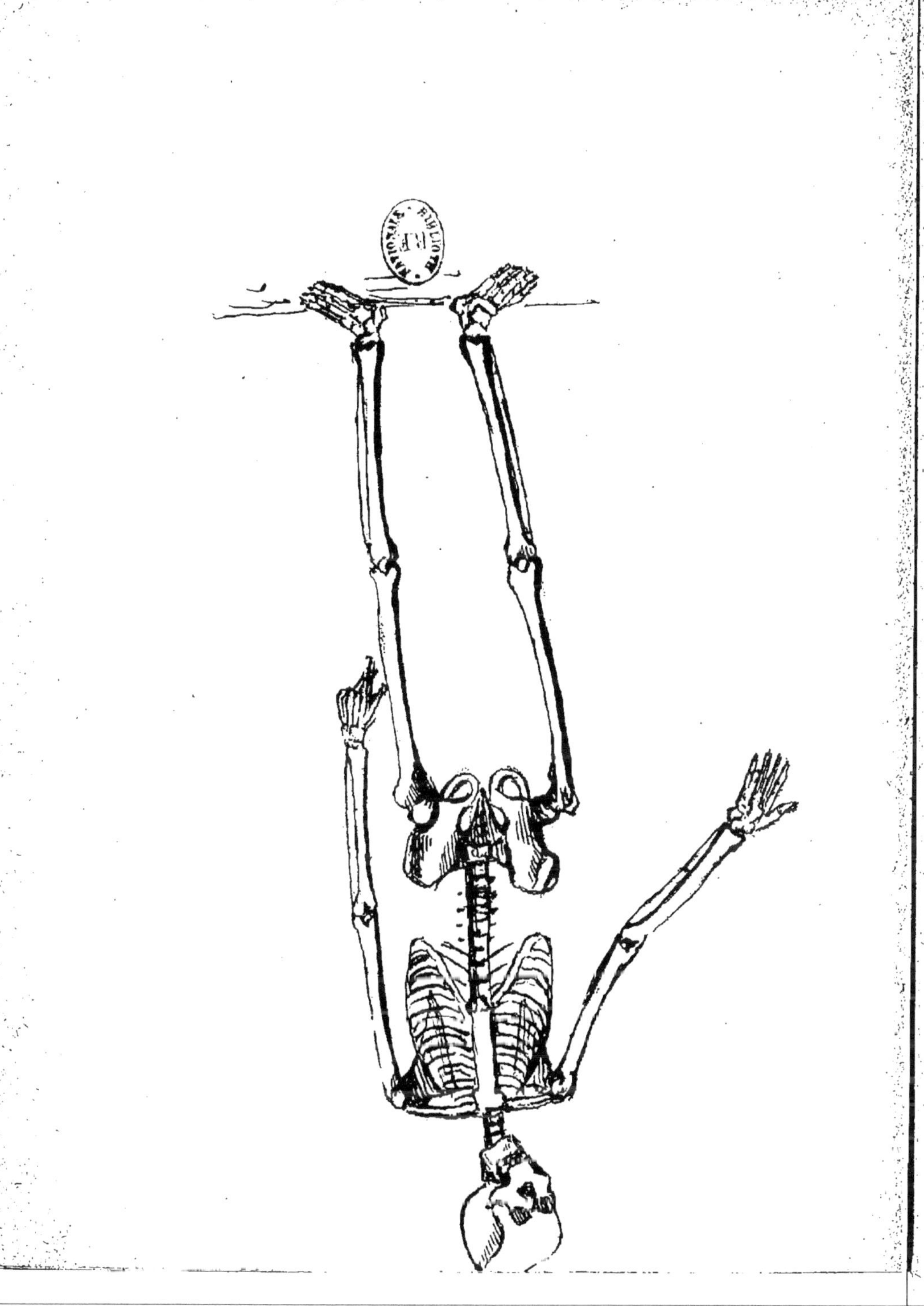

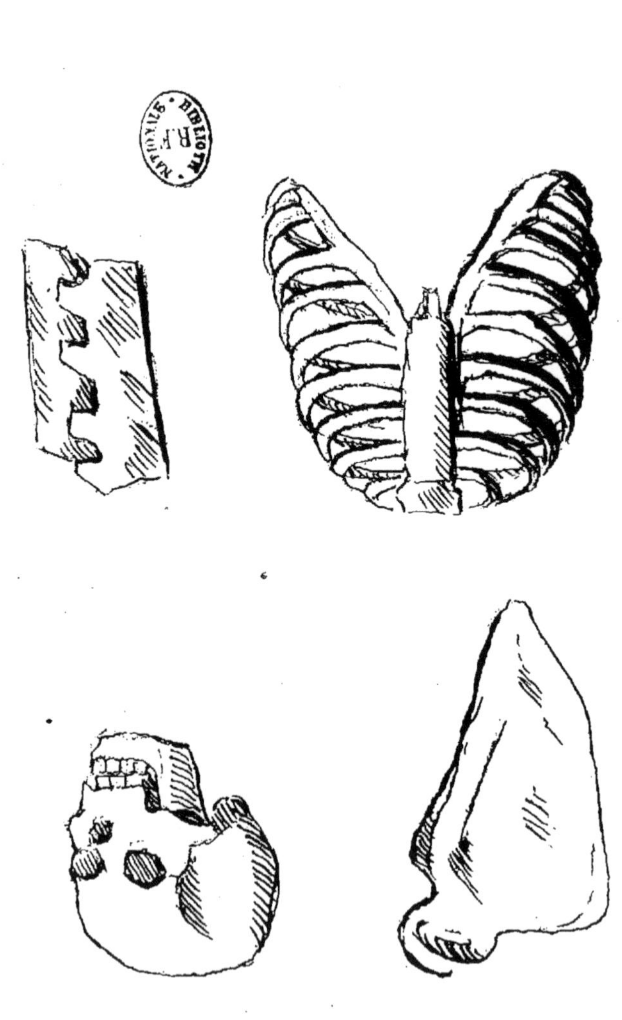

# NOMS DES OS DU SQUELETTE

## FACE ANTÉRIEURE

TÊTE

Frontal

Pariétal

Temporal

Occipital

Os de la pommette

Maxillaire supérieur

Os du nez

Maxillaire inférieur

Dernière vertèbre cervicale

TRONC

Clavicule

Omoplate

Sternum

Première côte

Septième côte

Douzième côte

Douzième vertèbre dorsale

Cinquième vertèbre lombaire

Sacrum

Coccix

Os iliaque

BRAS

Humérus

Cubitus

Radius

Carpe

Métacarpe

Phalanges

JAMBE

Fémur

Rotule

Tibia

Péroné

Tarse

Métatarse

Phalanges.

## DIFFÉRENCE DU SQUELETTE DE LA FEMME

---

Les femmes ont les clavicules moins saillantes, le sternum plus large par en bas, la poitrine plus convexe, d'où il résulte que les seins sont plus avantageusement placés ; l'os sacrum est plus large par en haut, mais plus courbé ; sa pointe est déjetée en arrière, ce qui agrandit le petit bassin et rend la partie opposée communément plus élevée.

Le coccix est plus mobile et se porte en arrière ; les os des îles sont plus larges et plus renversés en dehors, ce qui donne plus d'étendue au grand bassin et plus d'ampleur au petit.

Il faut observer que, chez les femmes, les os ischium sont plus écartés l'un de l'autre, plus renversés en dehors, de même que leurs tubérosités, ce qui leur donne la grâce et la souplesse.

Le sternum et les côtes qui s'y attachent, forment la poitrine.

Le bassin, comme on l'a vu plus haut, est formé par les os des îles ; et les os des îles, par suite de la position que nous venons d'indiquer, donnent plus de largeur aux hanches de la femme qu'à celles de l'homme. Chez l'homme, le bassin est plus étroit, et le buste, à la différence de celui de la femme, a sa plus grande largeur aux épaules.

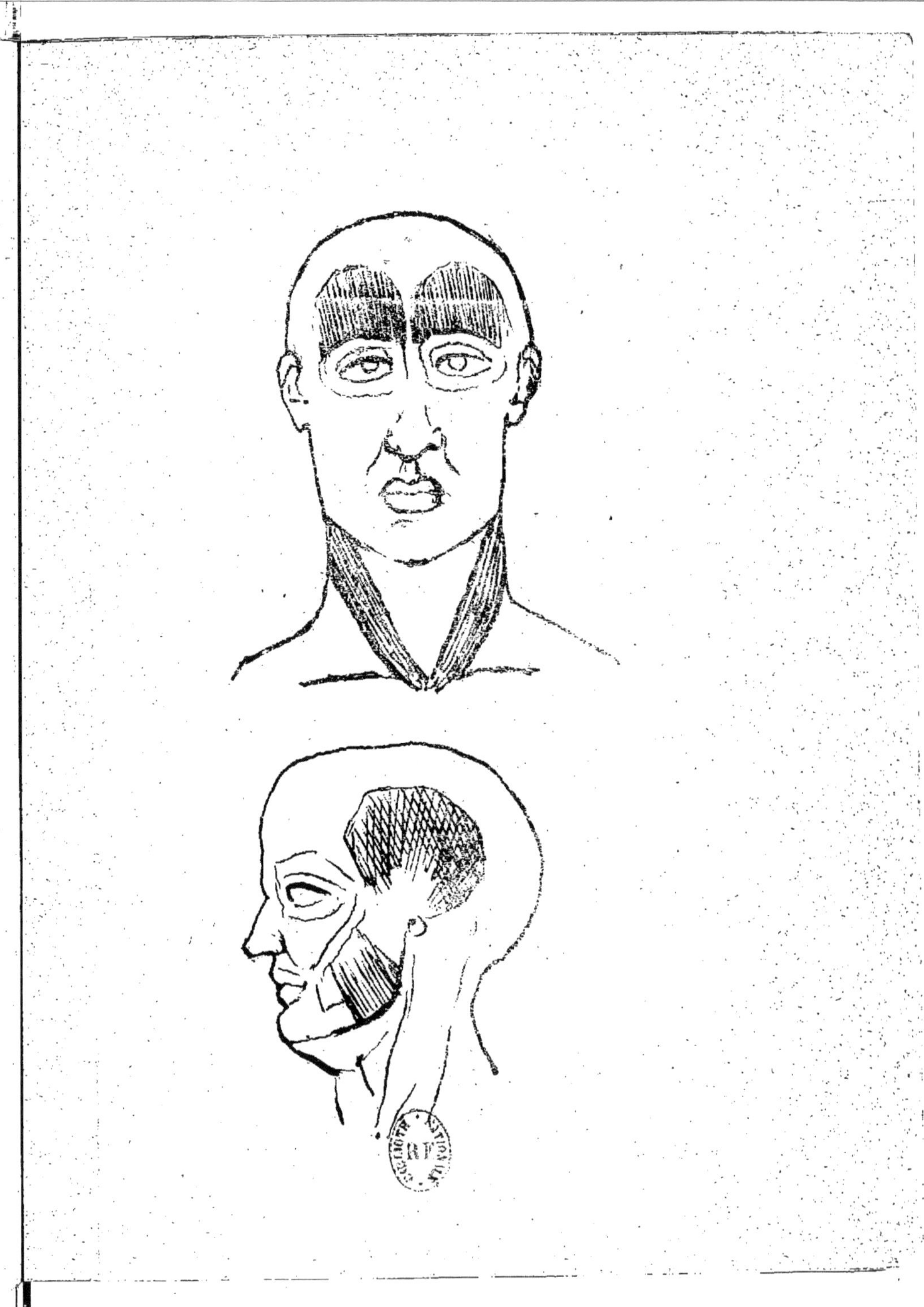

# DES PRINCIPAUX MUSCLES ET DE LEURS FONCTIONS

## TÊTE

La portion frontale du muscle occipital frontal, ride le front horizontalement et met en mouvement le cuir chevelu et la peau du front.

Le Temporal, (partie des tempes), élève et tire en arrière le maxillaire inférieur.

Le Masseter, muscle de la mâchoire, élève la mâchoire inférieure.

Les Sterno-cleido-mastoïdiens, sont les muscles qui forment, de chaque côté du cou. la plus forte saillie.

Lorsqu'un de ces muscles agit seul, il tourne la tête du côte opposé, mais quand ces deux muscles se contractent, i's fléchissent la tête sur la poitrine.

Le Paucier, est le muscle qui fait rider la peau du cou et abaisse la bouche en la tirant au dehors.

## TRONC

Le Grand Dentelé, muscle qui forme la saillie de chaque côté des côtes, porte l'omoplate et les membres supérieurs en dedans et dilate la poitrine.

Le Droit abdominal, muscle qui forme les saillies de l'abdomen, fléchit la poitrine sur le bassin, et réciproquement resserre la cavité abdominale.

Le Trapèze, est le muscle qui se trouve entre les omoplates ; sa partie inférieure abaisse l'épaule, et sa partie supérieure l'élève ; l'épaule étant fixe, le muscle incline la tête en arrière.

Le petit Rond, muscle qui se trouve sous le deltoïde, écarte légèrement le bras du tronc.

Le grand Rond, est le muscle qui se place au dessous du petit et qui imprime au bras un mouvement de rotation sur lui-même pour le porter en arrière.

Le grand Dorsal, muscle qui se trouve le long du dos et qui rapproche le bras du tronc, porte le bras en arrière et en bas ; il peut agir sur le thorax lorsque le bras est fixe.

Le Rhomboïde, est le muscle qui se trouve sous le trapèze et qui entraine l'omoplate en dedans, en arrière et en haut.

Les Masses, sont les muscles charnus qui se trouvent au bas des reins, région sacro-lombaire ; composés du sacro-lombaire, du long-dorsal et du transverse sous-épineux, ils maintiennent la colonne vertébrale dans l'extension, portent le tronc directement en arrière et lui impriment, en même temps, un mouvement de rotation à droite ou à gauche ; ils abaissent aussi les côtes.

Le Grand Oblique, muscle qui s'entrecroise avec le grand dentelé, fléchit la poitrine sur le bassin et vice versa ; il resserre aussi la cavité abdominale.

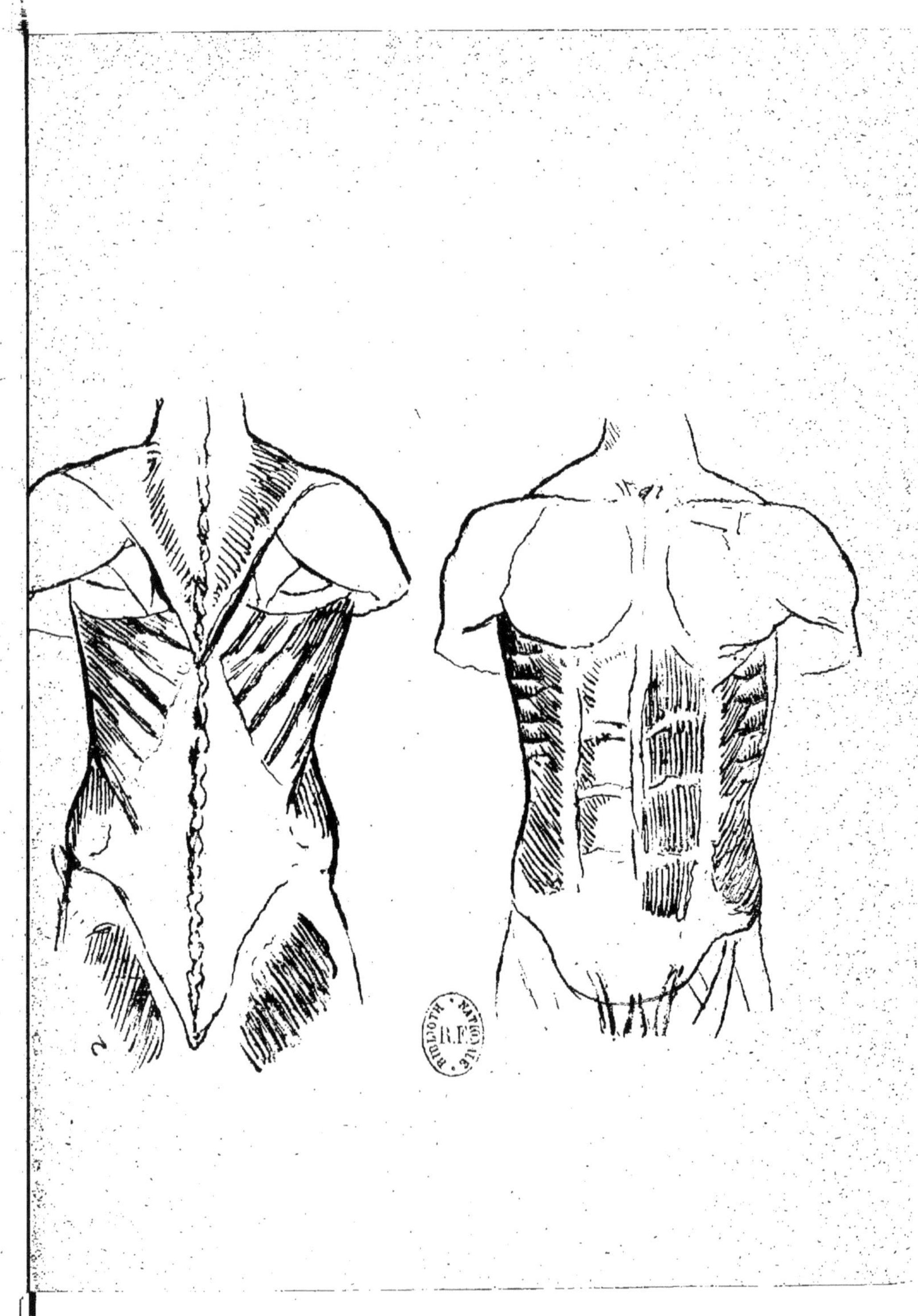

# MUSCLES DES MEMBRES SUPÉRIEURS

Le Deltoïde est le muscle qui fait saillie au commencement de l'épaule; il a une action complexe et, lorsque toutes ses parties agissent simultanément, il élève le bras et le porte en dehors.

Le Biceps forme la saillie qui se trouve au dessus du deltoïde, est le fléchisseur de l'avant-bras sur le bras, et réciproquement. porte la main dans la supination.

Le Brachial est le muscle qui, entre la chair et la peau, fléchit l'avant-bras sur le bras.

Le Rond Pronateur est un muscle non-apparent, qui fait tourner le radius sur le cubitus.

Le Grand Palmaire, muscle qui se voit à l'avant-bras, fléchit la main sur l'avant-bras et la porte en dehors.

Le Long Fléchisseur propre du pouce fléchit la seconde et la première phalanges, ainsi que l'os métacarpien du pouce.

# MUSCLES DES MEMBRES INFÉRIEURS

Le Droit Antérieur forme la saillie de la cuisse, est le muscle fléchisseur de la cuisse sur le bassin et est l'extenseur de la jambe sur la cuisse.

Le Vaste Externe et le Vaste Interne, sont les muscles qui forment les deux saillies de chaque côté de la cuisse; ils sont aussi extenseur de la jambe sur la cuisse.

Le Pectiné est le muscle qui passe en dessous du grand couturier ; il est fléchisseur de la cuisse qu'il porte en dedans.

Le Petit Fessier est le muscle qui porte la cuisse en dehors et en arrière.

Le Psoas, situé au haut de la cuisse, fléchit la cuisse sur le bassin, la porte en dedans et la fait tourner en dehors ; il fléchit le tronc sur la cuisse lorsque celui-là est fixe.

Le Couturier longe toute la cuisse, est adducteur de la cuisse, qu'il fléchit sur le bassin en même temps qu'il fléchit la jambe sur la cuisse.

Le Jambier Antérieur, muscle en saillie, étend le pied sur la jambe et le porte en dehors.

Le Jambier Postérieur étend le pied sur la jambe et le porte en dedans.

Le Biceps, muscle derrière la cuisse, est fléchisseur de la jambe qu'il tourne en dehors ; il peut fléchir aussi la cuisse sur la jambe.

Le Jumeau est le muscle qui forme le mollet, étend le pied sur la jambe, et mène la jambe sur le pied.

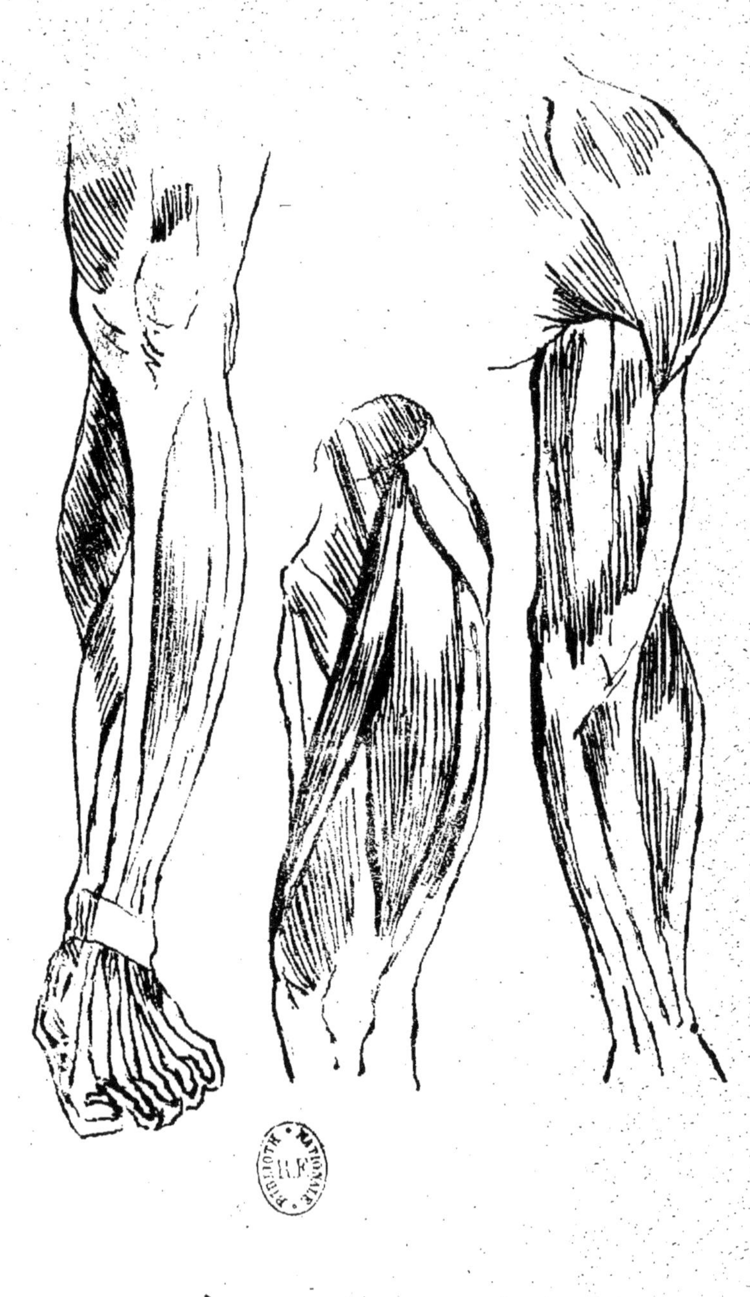

# MANIÈRE DE DESSINER

On dessine avec du fusain. Le fusain est, pour ceux qui commencent, meilleur que le crayon, parce qu'il est plus facile à manier et propre à finir ; il a d'ailleurs cela de commode qu'il s'efface en frottant légèrement.

Après avoir esquissé au fusain, on passe ensuite le trait au crayon noir (appelé Comté) afin de pouvoir détailler et donner toute la perfection convenable.

On se sert ordinairement pour faire ce genre de dessin au crayon, de modèles hachés en lithographie.

*Hacher* c'est tirer plusieurs lignes fort serrées, égales et parallèles, et passer d'autres lignes qui se croisent carrément ou diagonalement.

Il y a aussi le dessin à l'estompe, qui se fait avec l'estompe, sorte de papier roulé comme un crayon, ou avec de la peau de Castor ou de liège, qui sert à fondre ou à adoucir les teintes et les demi-teintes obtenues par le crayon noir appelé : *sauce-crayon très-tendre*. Ce genre de dessin se fait d'après la bosse, le plâtre ou le modèle vivant.

Il y a aussi le dessin *graine*, celui dont les ombres faites avec le crayon ne sont, ni hachées, ni estompées, mais composées de petits points.

## DU MODELAGE

Pour modeler avec de la terre, on met sur une selle ou un chevalet, une planche avec de la terre qu'on travaille ensuite avec les doigts ou avec des *ébauchoirs*, espèce d'outils qui vont en s'arrondissant par un bout et qui par l'autre sont plats et unis ; il y en a d'autres qui ont des dents et servent à ôter la terre en sorte qu'elle soit comme égratignée, ce qui est quelque fois un effet de l'art.

On se sert aussi de la cire que l'on travaille de la même manière.

## LA SCULPTURE

Est l'art, par le moyen du dessin et de la matière solide, d'imiter les objets palpables de la nature ; on ne peut dire à qu'elle époque cet art a commencé ; il est très-ancien.

Les sculpteurs ont commencé à travailler sur la terre et la cire qui sont des matières flexibles, ensuite sur le bois, la pierre et le marbre.

Le peuple où ce bel art tient le premier rang, est les Egytiens.

La sculpture n'était pas non plus inconnue aux Israëlites.

Les historiens Grecs ont voulu placer la naissance de la sculpture dans leur pays ; il est certain que le commencement de cet art était très-grossier chez eux ; Dédale, sculpteur Grec, ayant fait un voyage en Egypte, se perfectionna dans cet art, et forma à son retour des élèves, dont le goût n'était pas encore éclairé par les chef-d'œuvres de Phydias, Myron et Lysippe.

L'époque de la sculpture en France est la même qu'en Italie. Le célèbre Michel-Ange travaillait à Rome sous le Pontificat de Léon X, tandis que Jean Goujon se faisait admirer à Paris sous le règne de François Ier.

Cet art se soutient encore chez ces deux nations.

# LE MOULAGE

—

Quand on a mis la dernière main à son œuvre de modelage, ou on la conserve en la faisant cuire, et l'on a ainsi une *terre-cuite* originale qui peut avoir un très-grand prix, si elle émane d'un maître ; ou on la moule à un ou plusieurs exemplaires, au moyen d'un *moule à creux perdu* ou d'un *moule à bon creux*.

La fabrication du *moule à bon creux* rentrant dans la spécialité du mouleur proprement-dit, nous ne parlerons que du *moule à creux perdu*, dont l'usage est le plus fréquent pour l'artiste et pour l'amateur.

Pour mouler le *bas-relief*, on prend une sébille dans laquelle on met une quantité d'eau suffisante pour représenter en volume le volume de l'objet qu'on veut mouler. On teinte l'eau avec une pincée de rouge pour pouvoir distinguer plus tard l'épreuve du moule. On verse, ensuite, son plâtre en pluie jusqu'à ce qu'il vienne à fleur d'eau. On le bat alors avec une *spatule*, outil en fer qui a la forme d'une cuillière plate aux deux bouts. Quand il commence à *prendre*, c'est-à-dire à s'épaissir, on l'applique sur la terre de façon que toutes les parties soient bien couvertes. Au bout de quelques minutes, le plâtre devient brûlant ; on le laisse refroidir et on le détache de la terre, en l'aidant avec un ciseau de peur de le casser.

Vous enlevez la terre, qui n'adhère pas au plâtre, et vous avez le creux de votre relief. Vous lavez votre creux pour qu'il ne reste aucune parcelle de terre et vous le laissez se ressuyer. Quand le moule est sec, vous le barbouillez avec du savon noir que vous avez préalablement fait fondre et vous enlevez l'excédant avec un pinceau. Cela fait, vous huilez légèrement et vous coulez votre plâtre dans le moule.

Pour dépouiller l'épreuve ainsi obtenue, vous vous servez d'un ciseau et d'un maillet, en ayant soin de frapper de petits coups sur le moule, qui se détache d'ailleurs sans efforts. L'opération s'appelle : moulage à creux perdu, parce que, comme on le voit, on ne peut obtenir ainsi qu'une seule épreuve.

Pour une figure *en ronde bosse,* on la moule en deux *coquilles.* On ajoute successivement des bandelettes de terre disposées en auréole autour de la figure, de chaque côté ; cette opération s'appelle *faire des portées.* Vous couvrez votre face de plâtre à une certaine épaisseur en y ajoutant de petits morceaux de fer pour soutenir le moule. Quand une partie du moule est sèche, vous enlevez la bandelette qui la soutient, en pratiquant à l'aide de la spatule des trous de repère appelés *clés* qui vous servent pour rajuster exactement les différentes parties do votre moule.

Vous huilez vos portées et vous coulez successivement les deux côtés. Quand votre plâtre est dur, vous ouvrez vos coquilles avec un ciseau et vous faites couler de l'eau entre les deux fentes pour faciliter l'ouverture de votre moule. Une fois votre moule ouvert, vous procédez de la manière précédemment indiquée.

Quand au moulage sur nature, dont on attribue les premiers essais à André Verrochia au XIV$^e$ siècle, il quitte le domaine de l'art pour rentrer dans celui du métier. Nous renverrons donc aux manuels spéciaux.

Un mot, en terminant, sur la *sculpture* proprement-dite.

Quand un sculpteur a modelé dans son atelier un bas-relief ou une figure, et qu'il veut l'exécuter en marbre, il envoie sa *maquette* (sa terre travaillée) à un ouvrier spécial appelé *praticien* qui, avec des instruments mathématiques, dégrossit le bloc de marbre et donne exactement les proportions du sujet au moyen de ce qu'on appelle : *la mise en points*. Cette opération consiste, en effet, à couvrir le bloc de marbre, dégrossi et façonné, de différents points qui indiquent exactement la forme du modèle. Le bloc, ainsi préparé, est porté à l'atelier du sculpteur, qui, avec le ciseau et le papier de verre, donne à la statue ou au bas-relief le dernier fini.

**En résumant** cette courte étude nous dirons :

Nous avons indiqué la place relative des différentes parties de la figure et du corps humain.

Nous avons donné les notions anatomiques indispensables à tout amateur ou élève qui veut créer un sujet quelconque.

Nous avons énuméré, comme appendice, les connaissances de métier indispensables à ceux qui veulent se livrer au modelage.

Cela peut suffire pour éclairer les premiers pas de l'amateur ou de l'élève dans les arts du dessin.

Nous aurions déjà fait beaucoup en faisant comprendre tout ce qu'il faut savoir pour être un artiste complet et digne de ce nom.

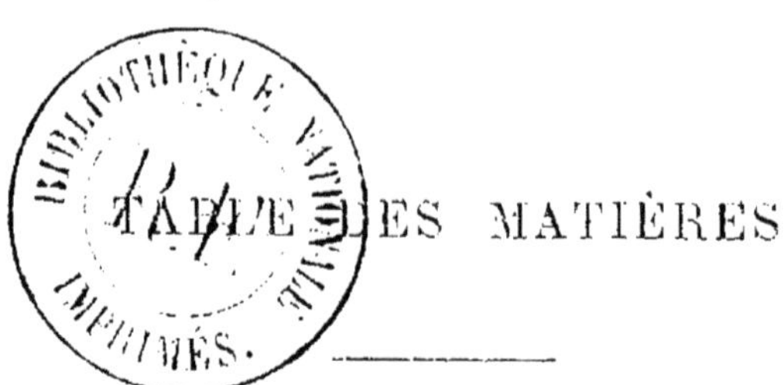

# TABLE DES MATIÈRES

www.ingramcontent.com/pod-product-compliance
Ingram Content Group UK Ltd.
Pitfield, Milton Keynes, MK11 3LW, UK
UKHW021629090726
13657UKWH00004B/1538